AF409049

9 789948 767121

على شفةِ الحُلم

عمار حسن سعد الدين

على شفةِ الحُلم

شعر

إصدارات دائرة الثقافة، حكومة الشارقة 2024 م

الناشر: دائرة الثقافة ـ حكومة الشارقة ـ الإمارات العربية المتحدة

الهاتف: 5123333 6 +971

البرَّاق: 5123303 6 +971

الموقع الإليكتروني: www.sdc.gov.ae

البريد الإليكتروني: sdc@sdc.gov.ae

811.9624

س ع. ع

سعدالدين ، عمار حسن

على شفةِ الحُلم/ عمار حسن سعدالدين.ـالشارقة، الإمارات العربية المتحدة : دائرة الثقافة، 2024.

88 ص؛ 21X14 سم.

1 – الشعر العربي – السودان – دواوين وقصائد

أ – العنوان

ISBN:978-9948-767-12-1

«أمَّا أنا فسأدخلُ في شجرةِ التوت، حيثُ تحوّلني دودةُ القزِّ خيطَ حرير، فأدخلُ في خيطِ امرأةٍ من نساءِ الأساطير، ثُمَّ أطيرُ كشالٍ مع الريح».

محمود درويش

«كتبتُ حتى أُقيمَ جِسراً بيني وبينَ بيئةٍ أفتقدُها».

الطيب صالح

رسولُ المرهقين

لأنّي مُرسلٌ بالحب   سأُشرقُ رغمَ حزنِ النيلْ

ستذوي زهرةٌ أخرى   بدونِ قداسةِ التأويـلْ

سأشـرقُ رغمَ إنسـاني   لأغدو في المدى جبريلْ

***

أقـولُ لصاحبـي أَنـا   خُلقنا في الهوى شعراءْ

لنوصـلَ كلَّ مشـتاقٍ   إلـى أحلامِـهِ البيضاءْ

نشـق جيوبنا الخضراءْ   لتذهـبَ لعنـةُ الفقـراءْ

***

أقسِّمُ للهـوى جسـدي   عناقـاً مائسـاً خـلّابْ

وأوصِدُ في سـبيلِ البعدِ   كلَّ مواجعِ الأبـوابْ

***

وأجبـرُ كلَّ ذي كسـرٍ   أحرِّمُ كسـرةَ الإعرابْ

لأنّـكِ أطـولُ الأسـفارِ   بيـنَ الرمـشِ والرمشِ

سـأعبرُ غابـةَ الحنّـاءِ   حتّـى غابـةِ القـشِّ

إلـى أن تـسـمحَ الأيـامُ   أن تـأوي إلـى عشّـي

***

أنا والحبُّ يا عينيَّ كُنّا   في المجازِ صغارْ

تُخَبِّئُ طفلها الأمواجُ   من دوامةِ الإعصارْ

تعلمنا نشيدَ الخلدِ   حينَ تفتُّقِ الأشعارْ

* * *

لنا ميقاتُنا الغيبيُّ   نسقى منهُ ما نُسقى

نمسُّ ملامحَ الأحلامِ   في إيقاعها الأنقى

وننقذكم من الطوفانِ   لكنّا بهِ غرقى

* * *

أُحبُّـكِ فافتحـي الأبوابَ   يـا   بوابتـي   العليـا

ومُـدّي   الكـفَّ   نبنـي   جنّـةً فـي هـذهِ الدنيـا

عيونُـكِ مدخلـي للنـورِ   كي أقـوى علـى الرؤيا

***

فكيفَ يعيشُ أهلُ الأرضِ   مـن دونِ انتشـاءِ القلبْ

وكيـف تذوقُ طعـمَ الخلدِ   مــا لـم يعتريكَ الحـبْ

لتنمو فـي الهوى جسـداً   تقوّى..كي تخوضَ الحربْ

***

مرآةُ الحياة

الآنَ يملؤني ثراءٌ أخضرُ
الشعرُ في عينيهِ لا يتختّرُ

ميقاتُهُ الريحانُ أيُّ قصيدةٍ
سالت على شكلِ الندى أتذكرُ

محفوفةٌ بالماءِ صوتُ خريرها
ما بينَ زخاتِ الغيومِ يُفسّرُ

طارتْ بأجنحةٍ تنامُ بريشها أممٌ
إذا نُفضَ الجناحُ تُحرّرُ

قالت لرملِ الأرضِ حينَ جفافهِ

مهلاً فوجهكُ حينَ تظمأُ أنضرُ

الصيفُ حضنُ الكونِ بنتُ شتائهِ

لو خيّرت فعناقهُ تتخيرُ

والعاشقونَ تقابلوا في جنةٍ

قبل الوجودِ
هناكَ حيثُ تبختروا

فهنالكَ التقبيلُ ليسَ جريمةً

وبدونهِ بابُ النعيمِ يُسكّرُ

وببابهِ أنثى القصيدِ تمايلت

لغةً

لينشدها اللسانُ السُكّرُ

التوتُ أبيضُ في قرارةِ نفسهِ

قالت حبيبتُهُ مجازُكَ أحمرُ

فاحمرتِ الأرواحُ في ميقاتِهِ
كُلٌّ على كفِّ الحبيبِ يغيّرُ

ساءلتُ في الطوفانِ أولَ قطرةٍ
قولي بأيِّ الخالداتِ سأعبرُ

أبريشةِ الفنانِ أم بكمنجةٍ
قالت رويدكَ في الحقيبةِ أكثرُ

فاغسل فؤادكَ بالنجومِ

وشتِّتِ

البرقَ الذي بجلالِهِ لا يُحصرُ

واسبح على ظهرِ القصيدِ

إذا غرِقتَ

فذلكَ الموالُ حيناً يُسكِر

الروحُ في رئةِ القصيدِ تفجَّرت

أنفاسُها من وحيهِ تتعنبرُ

والموتُ ليسَ مصيبةً بل منزِلاً
نأتيه للتكريمِ حينَ نُقدّرُ

والشعرُ مرآةُ الحياةِ ودونهُ
أرواحنا الخضراء ليست تُبصرُ

نقشتك غيمة

حلّقتُ، أرهقني الجناحُ

فحُطّي

يا برقيَ المشّاءُ هلا تُبطي

عرّيتِني

غطيتُ كُلَّ حدائقي

إلاكِ

يا بحراً يجاوزُ شطّي

أخشى يراكِ الناسُ بينَ قصائدْي

وأغارُ جداً

فاحجبيْ وتغطيْ

الصُّبح وجهُكِ

حينَ يبعثُ نورهُ

أُذناكِ محرابٌ لأعظمِ قُرطِ

قيّدتنيْ في جذعِ

أطولِ نوتةٍ في راحتيكِ

بمَ أبحتِ ربطيْ؟

الشَّعْرُ صبَّ الليلُ فيهِ وقارهُ

كعباءةِ القسيس عندَ القبطِ

قد ضِعتُ فيهِ

مسافراً متصوفاً

ما ضاعَ في تلكَ الغدائرِ مِشطي

ولمسْتُ كفّكِ

كُلُّ ريش حمامةٍ

مسّت أكُفَّ السائلينَ لتُعطي

إذ تهطُلينَ

أجيءُ كُلّيَ فاغراً

جسدي

ولا أُروىٰ سوى من قحطيْ

يا حُبُّ إنّي قد نقشتُكِ غيمةً

بقصائدي

هلّا عرفتِ خطّيْ؟

شكوى

غرّد فمن أخرجَ القانونَ قد خرقا

لستَ الذي ينحني لو سارقٌ سرقا

رفرف هنالكَ هذي الريحُ صادقةٌ

وغيرُ ذلكَ زورٌ قطُّ ما صدقا

رفرف عليهم فما في الليلِ مُتّسعٌ

لخائفٍ قلبُهُ يستأنِسُ القلقا

إذ يخرجونك لا يحوون زلزلةً

إلا كسيلٍ متى حاصرتهُ اندفقا

لا سورَ للروحِ لا سجنٌ لمن

كسّرَ الأصفادَ في عينيهِ وانطلقا

كأنّني اليومَ مشّاءٌ على قدمٍ

حزينةُ البوحِ إذ تستنطقُ الطُرقا

دمعي عليكَ أماطَ الغيمَ عن حُلمٍ

على يديهِ فلسطينانِ يختَنِقا

فكيفَ أصبرُ؟

يا أيوبُ خذ بيدي

فيونسٌ فيَّ قد أرهقتُهُ غرَقا

البيتُ بيتُكَ خُذ من راحتي أملاً

وزُفَّ شكواكَ دعوى للذي خلقا

وقل لهُ إنّكَ المعنى إذا اتسعتْ

لهُ السحابةُ

أو ضاقتْ أتى ودقا

وقل لهُ لا مكانٌ لي لأسكنهُ

إلا القصيدَ ثياباً لي ومُنعتقا

كعاشقٍ فرّقتهُ السانحاتُ وما

زادتهُ من شدةِ التفريقِ غيرَ لُقى

كتبتُ شِعراً بِلا كونٍ يرقُّ لهُ

وهل رأيتَ قصيداً يُعتقُ العُنقا

فأعمقُ الثأرِ أبياتٌ تعيشُ غداً
وأبلغُ الصمتِ لحنٌ يملأ الأفقَ

أنا الذي أُغرِقت في النيلِ قافيتي
ومنذُ ذاكَ عَشِقتُ النيلَ والغرقا

فبلِّغِ الغيبَ شعري مُشرِعٌ فمهُ
وداخلَ الروحِ موالانِ ما نطقا

أنا الغريبُ يقولُ الشعرُ في أذني
في أولِ الدمعِ يأتي الحلمُ مُنبثقا

بريشةِ الشاعر

تبرّجـت الدنيـا لأولِ ناظـرٍ

يميلُ مع الأُركيدِ بينَ المزاهرِ

يمسُّ بياضَ الغيمِ تبيضُّ روحهُ

ويبعثُ من كفّيهِ طعمَ السكاكرِ

ويوقظُ عُشـاقاً تخلّقَ باسمـهم

علوُّ مقامِ الحُبِّ بينَ المشـاعرِ

ويوقظُ أنثـى كحّلتها يدُ الدُّجى

فأصبغتِ الإغراءَ فوقَ الغدائرِ

وينفضُ ألسنةَ القصيد عن الذي

يقولونـهُ عن غيّهِ فـي الدفاترِ

هنا يلتقي الجمعانِ تحتَ مظلةٍ
بـها سـبعُ تيجانٍ وسبعُ عساكرِ

فيُقبلُ من خلفِ السموات شاعرٌ
يفسّــرُ أولهُــم علــى كُلِّ آخــرِ

يـروضُ أحـلامَ الجيـاعِ بكفّهِ
وما دانت الأحلامُ إلا لشــاعرِ

معزوفةٌ لصاحبةِ الجلالةِ

(إلى شارقةِ الجمال)

في واحةٍ نخليةِ الأعناقِ

التّمرُ يملأُ آخرَ الأوراقِ

أحتاجُ عطركِ كي أُفسِّر للندى

ما يفعلُ التحنانُ بالعُشّاقِ

أحتاجُ صوتكِ كي تعودَ قصيدتي

للبوحِ

بعدَ تلعثُمِ الأشواقِ

مِنْ أينَ يا قصباءُ يدخلُ هاجسي

ليذوبَ بينَ حنينهِ الدفّاقِ

مِنْ أينَ واسمكِ حينَ يُنشدُ

تنجلي كُتَلُ الظلامِ لشدةِ الإبراقِ

مِنْ أينَ والموالُ روحُ عروبةٍ

إذ أقبلتْ في مشهدٍ عملاقِ

اليومَ تلتحفينَ أعرقَ لوحةٍ

للسلمِ بينَ نفائسِ الأخلاقِ

جاءت إلى التاريخِ قبل بزوغِهِ

من قبلِ نفخِ الدهرِ للأبواقِ

جاءت تُقسِّمُ للحمامِ بياضها

تُهدي نوارسها إلى الآفاقِ

أنا شاعرٌ لو تأذنينَ مُتيّمٌ

فمتى جلالُكِ ينحني لعناقي

آتيكِ حرّرتُ القصائدَ كُلّها

لأحومَ بينَ يديكِ دونَ وثاقِ

وجمعتُ من يدكِ اللحونَ فهالني

ما يفعلُ التلحينُ بالأعماقِ

تمشي فيعبقُ في المسامِ عبيرُها

وتمرُّ مرَّ الكحلِ في الأحداقِ

آتيكِ علّي قد أُتوجَ شاعراً

يحظى بلمسِ النورِ في الإشراقِ

فخُذي كما شاءتْ عيونُكِ واصدحي

بالعطرِ

يا خمريةَ الأعذاقِ

صلّى المجازُ عليك

من أيِّ غيبٍ في المجازِ سأُبصرُكْ
وبأيِّ لحنٍ سـوف يُبعـثُ عنبرُكْ

أخشـى على النسـيانِ من تهويمهِ
إذ إنـه فـي كلِّ يـومٍ يذكـرُكْ

أطلقـتُ أسـرابَ الكفوفِ مسـلِّماً
ولمحـتُ أنفـاسَ القصيـدِ تُبخِّرُكْ

عينـاكِ يـا أُمَّ اليمامـةِ عالـمٌ
يبـدو لهـا المخفي وهـي تخبرُكْ

ينـدسُّ ملـحُ النـايِ تحـتَ روايةٍ
ويسـيلُ للمعنـى فينضحُ سُـكَّرُكْ

خُيِّـرتُ فـي رؤياكِ ألـفَ قصيدةٍ
وبــكلِّ بيـتٍ كنتـهُ أتخيّـرُكْ

مــا زالَ قلبُـكِ أخضراً ومـورّداً
ما زالَ حسـنُكِ يا صغيرة يكبرُكْ

الذنـبُ ذنبـك إذ دخلـتِ حديقـةً
أشـجارُها بذنوبهـا تسـتغفرُكْ

صلّى المجـازُ عليـكِ فـي آلائهِ
وَالشعرُ خلفكِ حينَ صلّى يشكُرك

طفـلانِ من لُغـةِ الحليبِ تشـكلا
لُغتـي بـلا لُغـةٍ فكيـفَ أُفسِّـرُك

كـم كانَ يقتحـمُ الظـلامُ حدائقاً
لـولا تفسُّحُهُ ليعبـرَ جوهرُكْ

لأنثى ناعسة

كأن النومَ عانقها وماتْ
فأجبرت الجفونَ على الحياةْ

ووزعت اللغاتِ على عيونٍ
تجيدُ الحبَّ في كلِّ اللغاتْ

وضيّقت الطريقَ على شموسٍ
إذا فُتحتْ فما لي من نجاةْ

فما ذنبْي إذا كان ابتلائْي

جنونْي بالعيون الناعساتْ

إلامَ تنتظرينَ؟

أليس يكفْي؟

بأنْي أسألُ الله الثباتْ

عوالمُ كانت الأجزاءُ فيها

جهاتْي إن تنكرتِ الجهاتْ

فكيفَ يجيدُ رقصَ الموجِ قلبيْ
وتغرقهُ مغازلةُ البناتْ؟

وكيفَ أكونُ من ماءٍ ولمّا
أخوضُ الماءَ أحترفُ الشتاتْ

حينَ يفقدُ منطقه

عيناكِ مُرهقتانِ

عينيْ مُرهقةْ

والشعرُ يفقدُ حينَ ذلكَ منطِقهْ

هذا الجمالُ قصائدٌ

ومجازُهُ

يدنو ليفهمَهُ الذي لن ينطِقهْ

أنّى سيعبُرُني الحنينُ لبرِّهِ؟!

والشاعرُ المهمومُ يُغْرِقُ زورقهْ

عينٌ من اللحنِ الفصيحِ تكلّمتْ
عن حالِ أصحاب العيونِ المُطبقةْ

قالتْ ـ وربُّ الناي يرسمُ نوتةً ـ
ستكونُ للآتينَ أقدسَ منطقةْ

لا تقتحمْ هذا الخيالَ فإنني
أخشى عليكَ من الدروبِ المغلقةْ

لا تقتحمْ أسوارَ بابلَ عنوةً

ستسيلُ أغنيةٌ وتسقطُ زنبقةْ

أخشى عليكَ

إذا عبرتَ رِواقهُ....

وأنا التي فصّلتُ كُلَّ الأروقةْ

أخبرتُها ـ وأنا أمرُ خليةً ـ

يذوي حنينُ الشهدِ خلفَ المِلعقةْ

هذي القبابُ معارِجٌ لملائكْي

قلبي عصافيرٌ إليكِ مُحلِّقةْ

فأنا الذي خطويْ بكلِّ سحابةٍ

من خاضَ هذا الشِّعرَ حتّى أغرقةْ

من جاءَ للتابوتِ

يقتلُ موتهُ

ويبيحُ للبنّاءِ سرَّ المِطرقةْ

مَن قالَ «لا»

والكونُ يصفعُ وجههُ

من صارعَ التاريخَ حتى أرهقة

من أخرجَ الفانوسَ من مشكاتِه

من كذّبَ الشعرَ القديمَ وصدّقهْ

من طارحَ البركانَ كُلّ غرامِهِ

من نالَ من صدرِ المسيح مُعلّقةْ

فعلامَ هذا الحسنُ يطرقُ جنةً
إن لم تكن هذي القصائدُ مورِقةْ

وعلامَ يسرحُ في النساءِ نبيُّهُ
ليعودَ ملتحِماً بصدر مُمَزّقةْ

الشعرُ روحُ الباعثينَ جمالُهُمْ
تسمو إلى المعنى ولن تتسلقةْ

تأتي تصوغُ من الدموعِ لآلئاً

وتحوكُ عِقداً من حبالِ المِشنقةْ

عيناكِ يا نبعيْ فضاءٌ مُشرعٌ

ليل خلاسيٌ ودنيا مُشرقةْ

بريدٌ من المنفى

لِينقشـني في صفحةِ التيـهِ مُتعبُ
أنـا شِـعرهُ المنفـيُّ حيـنَ يُرتّبُ

أنـا الصرخةُ الملقاةُ في عُمقِ ظلمةٍ
يغازلُهـا في الشـرخِ دمـعٌ مُهذبُ

أنا مهرجانُ البـوحِ في كُلِّ غُصّةٍ
وبي من هزيمِ الناي ما ليسَ يُكتبُ

أسـيرُ على لحنِ الرمال ووجهتيْ
إلـى آخـرِ المنفى هنالـكَ أطربُ

وحيــداً كما قــالَ الغــرابُ ولا يدٌ
تُربّــتُ طفــلاً فــيَّ مــا زالَ يلعبُ

سمــوٌّ هي الأوجــاع إذ ترتقيْ أباً
لــكُلِّ الــذي لــم يُلق في جنبــهِ أبُ

لتبنــيَ من دفءِ المجــازاتِ دارهُ
وترفــعَ ســقفاً كُلُّ ما فيــهِ كوكبُ

تناديـهِ باسـمِ الحُبّ حيـنَ يجيئُها

يجـيءُ بثوبِ العُـرسِ ثُـمَّ يُعذِّبُ

هنــا آمـن المختـارُ مُـزِّقَ ظلُّـهُ

نبـيٌّ مـن الأنهـارِ عيناهُ تسكُبُ

فمـا وحيُهُ فـي الريـح إلا بحيرةً

وما عطْشـةُ الأسـلافِ إلا ترهُّبُ

على جناحِ القصيدة

معزوفةٌ والسِّرُ في موالها
تتعلّقُ الأرواحُ في خلخالها

أرخت ضفائرَ شعرِها لحمامةٍ
لم تلق سِرباً يحتفي بجمالها

وضعت أناملها على خدِّ الندى
فتشكّلَ البلور من أشكالها

مرّت وكان النهرُ يسردُ قصّةً
عن بعضِ ما تُخفيهِ في شلالِها

جاءت بدفءِ الأمهاتِ وخبّأت
كُلَّ الفراشِ برقّةٍ في شالها

وتجمّعَ الكاكاو حفل مواسمٍ
زُفّت بهِ الحناءُ بينَ تلالِها

النجمُ عقدٌ نائمٌ في صدرها

والغيمُ سُكّرها على فنجالها

العينُ أعراسُ البروقِ بوجهها
والعطرُ يسقي الروحَ في أدغالها

حضرت إلى المعنى لتنقذَ
رقّة الألحانِ في الأشعارِ من أهوالها

أفشت إلى الوردات سر رحيقها
فإذا بكل النحل من أطفالها

قالتْ وكانَ الصمتُ آخرَ قطرةٍ

ألقى بها النعناعُ خلفَ رحالِها

الشِّعرُ فلسفةُ العناقِ

ورقّةُ

الأشعارِ يا مولاةُ سِرُّ كمالِها

والنايُ أنّةُ شاعرٍ من حُزنِهِ

ثَقُلتْ قصيدتُهُ على مكيالِها

لمّا فؤادُ الشعر طاح ولم يجد
حبلاً
تشبّثَ عزفُهُ بحبالها

لمّا عيونُ الشمسِ طاحَ بريقُها
لم يلقَ غيرَ كفوفِها وحبالِها

أخفت صغارَ الحُلمِ تحتَ كفوفها
مدّت إلى العُشّاقِ دفءَ ظلالِها

عبرت كرقصِ الموج لا أثرٌ لها

إلا أنين الماءِ تحتَ رمالها

حلَّ النهارُ بسحرِهِ بيمينها

والليلُ أودعَ سرَّهُ بشمالها

طربتْ فهزّ الكونُ خصرَ جلالهِ

ما هزّهُ إلا لفرطِ جلالها

من يقنعُ التفاحَ أنّ مذاقهُ

حلمٌ تخلّقَ في براحِ خيالِها

الآنَ يُخبرني القصيدُ بأنّهُ

ما جاءَ للدنيا سوى لدلالها

نبيٌّ آخر

سـأكتبُ الشـعرَ كي أحيا بـهِ أبدا

لأدخـلَ الدهـرَ من بوابةِ الشـهدا

روحي مصابٌ، عيوني في تقلُّبِها

مدَّت سـماها ومـا مدَّ النهـارُ يدا

مذ كانَ لي في شتاءِ الروح صومعةٌ

جدارُهـا من جلـودٍ رُتِّقَت حَسَـدا

كانَ الرمـادُ حكايـا فـي غيابَتِـهِ

ليـلٌ يُعانـقُ فجراً ثَمَّتَ اتحـدا

ينسـلُّ نورٌ يقــولُ: الآنَ قلتُ: أنا؟
أومى إليَّ فصرتُ الشاعِرَ الصمدا

لا شيءَ يثني غرورَ الماءِ في سحبي
أرضُ الحيارى بقيعٌ والقصيدُ مدى

سـقطتُ مُذ ثلجةٍ ترخـي عمامتَها
لأجـلِ ترتيلِها فــي الليلِ إذ صعدا

سـقطتُ أطـرُقُ أبواباً لأسـئلتي
ما زلتُ أطرُقُ إذ كنتُ الذي اتَّصدا

صُفَّ البكاء وقلدت «المدى» شغفاً
صلَّى الجميعُ سوى الدمعِ الذي شَرَدا

جاءَ المليكُ يشـقُّ القلـبَ يخرجُه
كلُّ تـوارى وها فجـرُ القصيدِ بدا

قطفتُ من سِـدرةِ الأشـعارِ قافيةً
من حينِها غـابَ هذا الليلُ وابتعدا

هذا البريقُ الذي في الجوفِ غارتُه
بدونِ وجهِكَ أضحى لا يرومُ غدا

قـال المبجَّلُ عندَ العرشِ يـا ألقاً

أبرِق هنالِكَ أنـتَ المصطفى أبدا

سـلِّم حمولَك عندَ البابِ كُن قبَساً

أكفُّـه من حريـرٍ، جلَّ مـن وجدا

خلعـتُ نعلي ومزقتُ الرِّدا بشـراً

قلتُ القصيدةَ دانَ الحزنُ إذ سجدا

بانَت بظهري نتوءُ الشـعرِ أجنحةً

قصيـدةً تستحيلُ الخلَّ والسـندَا

حلقتُ مـلءَ ثـراءٍ كانَ يشـغلُني
إذ كنـتُ قبلَ ثراءِ الشـعرِ لا أحدا

للنفسِ في قمـرةِ العلياءِ مضطجعٌ
صـبَّ القصيدُ عليها الماءَ والبردا

إذ لا يمـوتُ نبـيٌّ دونَ غايتـه
ولا يـزولُ نعيـمٌ في الجنـانِ غدا

أحتاجُ كفّكِ

ما بينَ خفْقِ المدى وقيامةِ الخوفِ

أحتاجُ روحكِ كي أقوى على الشوفِ

خوفاً من الغرقِ الغيبي تحملُني

كفُّ القصيدِ

إلى بوابةِ الكشفِ

كتبتُ حتّى ملأتُ الريحَ فانكشفت

لي المسافةُ بينَ الأمنِ والخوفِ

قالت وقد همست في جوفها صورٌ
أخرج فؤادكَ هذا الجسمُ لا يكفي

سطِّر على الحُبِّ ما لم تستطع أممٌ
من البدورِ التي تُحمى من الخسفِ

الحُبُّ يفتحُ في الوجدانِ أخيلةً
لأن أرى مولدي في ساعةِ الحتْفِ

أجيئُك الآنَ قبلي كُلَّ ما نسجت

عينُ المُحبّ

وهذا المنتهى خلفيْ

أجيءُ أجمعُ كُلَّ الشعرِ في ملإٍ

أحوْمُ بالعطرِ من صفٍّ إلى صفِّ

أحتاجُ كفّكِ كي ترتاحَ أغنيةٌ

كتمتُها في رئاةِ الحُبّ من ألفِ

ماذا سيفعلُ من عيناهُ ما برحت

تُعالجُ الخافقَ المكلومَ بالنزفِ

الشعرُ هذا ثقيلٌ كيفَ أحملُهُ

ما أطولَ السّعيَ بين الحرفِ والحرفِ

بينَ ميقاتين

مُقسَّمٌ بينَ ميقاتينِ أستبقُ
يشُدُّني من جهاتِ الغيبِ ما أثقُ

في مسرحِ العزفِ إذ ترتاحُ أغنيةٌ
بِخصرها مهرجانُ الرقصِ يأتنقُ

سألتُها بالذي تُخفيهِ فارتبكت
ضممتُها
فاستوى في خدّها الشفقُ

شفاهُكِ الحمرُ يا مولاةُ خارطةٌ

لأمّةٍ عندها التقبيلُ يعتنقُ

أمرُّ لا تسترُ الألحانُ قافيتي

وكيفَ يُسترُ من موالهُ قلِقُ

ضاقت على عينيَ الأنحاءُ

فانتفضت

على القصيدِ مجازاً ضمّهُ الأُفقُ

وشكّلت حدسها كفّاً لتُرشدَ

من

عيونُهُ في مدى الأحلامِ تنطلقُ

نحنُ الغريبونَ هالات مرتّلة

على جسومٍ بضيقِ الأرضِ تختنقُ

نحنُ النبيونَ لا نحتاجُ ترجمةً

لكي يسافرَ فينا الوردُ والعبقُ

هذي النجومُ حكايا شاعرٍ نبتت

على كفوفِ قصيدٍ خانهُ والورقُ

الحُبُّ أن تخلعَ الأشعارُ قصّتها

وتلبسَ العطرَ ميقاتاً وتندفقُ

لولا تفتُّقُ هذا الشعرِ ما انكشفت

ملامحُ الروحِ

والعشاقُ ما عشقوا

نبوةُ الشعرِ أن نمشي على طرُقٍ

لولا العبورُ بها لم تُنجب الطرقُ

قلقُ الموال

عليَّ من قلقِ الأشعارِ ما يكفي
ليرقدَ الهمُّ مضطراً على كفّيْ

تُقلّبُ الليلةُ الحمراءُ ساعتها
ويتّكي الفجرُ حتى أرتدي خُفّيْ

كأنما أورثوني الحزنَ فانسلخت
كُلُّ المناديلِ تحتَ الدمع في رفّيْ

بُحيرةٌ من رمادٍ كُلَّما قُذِفتْ

تجشّمَ الرملُ قبلَ الحرقِ والقذفِ

وحيدةٌ في رحابِ الشعرِ أخيلتيْ

تعودُ تُسقيْ جفافَ الروح من نزفيْ

لا صوتُ أنثىْ ولا كفٌّ يلفُّ يديْ

يُميتني الحُبُّ
بالكفِّ التي تشفيْ

يقودني نحو باب الريحِ عازفهُ

وفتنتي أنّني المجروحُ بالعزفِ

وفتنتي أنّني للوردِ مُعتنقٌ

وهائمٌ في مدى موالهِ المخفيْ

الفهرس